Impressum
Verlag: BABADADA GmbH, Nedderfeld 112 , 22529 Hamburg
Geschäftsführer / Verlagsleitung: Harald Hof
Druck: Books on Demand GmbH, In de Tarpen 42, 22848 Norderstedt

Imprint
Publisher: BABADADA GmbH, Nedderfeld 112 , 22529 Hamburg, Germany
Managing Director / Publishing direction: Harald Hof
Print: Books on Demand GmbH, In de Tarpen 42, 22848 Norderstedt

baba

σχολείο

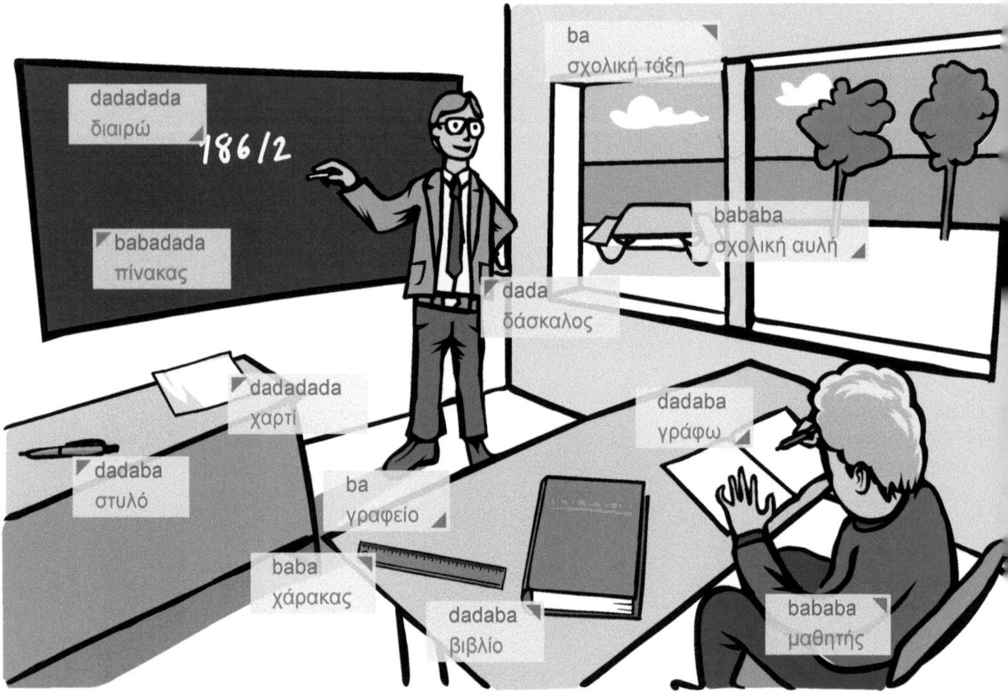

ba
σχολική τάξη
dadadada
διαιρώ
186/2
babadada
πίνακας
bababa
σχολική αυλή
dada
δάσκαλος
dadadada
χαρτί
dadaba
γράφω
dadaba
στυλό
ba
γραφείο
baba
χάρακας
dadaba
βιβλίο
bababa
μαθητής

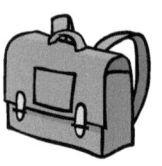

dadaba
....
σχολική τσάντα

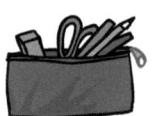

dada
....
κασετίνα/ μολυβοθήκη

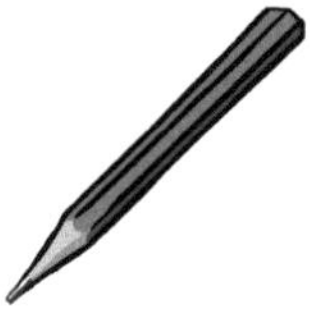

bababa
....
μολύβι

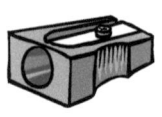

dadaba
....
ξύστρα

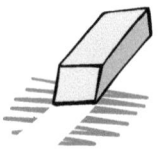

baba
....
γόμα

ba
....
μπλοκ ζωγραφικής

babababa
ζωγραφική

ba
πινέλο

dada
κουτί χρωμάτων

babadada
ψαλίδι

dadaba
κόλλα

dadadada
τετράδιο ασκήσεων

babadada
εργασία για το σπίτι

12

bababa
αριθμός

2+2

dadaba
προσθέτω

5-2

bababa
αφαιρώ

2×2

badada
πολλαπλασιάζω

dadababa
υπολογίζω

A

bababbaba
γράμμα

ABCDEFG
HIJKLMN
OPQRSTU
VWXYZ

bababbaba
αλφάβητο

dada
λέξη

babadada

κείμενο

dadadada

διαβάζω

dada

κιμωλία

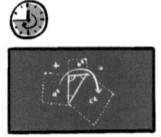

bababababa

μάθημα

ba

εγγράφομαι

baba

τεστ

bababa ba

πιστοποιητικό

babadada

μαθητική στολή

bababababa

εκπαίδευση

dadababa

εγκυκλοπαίδεια

bababababa

πανεπιστήμιο

dadababa

μικροσκόπιο

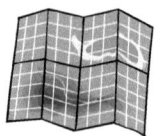

bababa

χάρτης

babadada

καλάθι αχρήστων

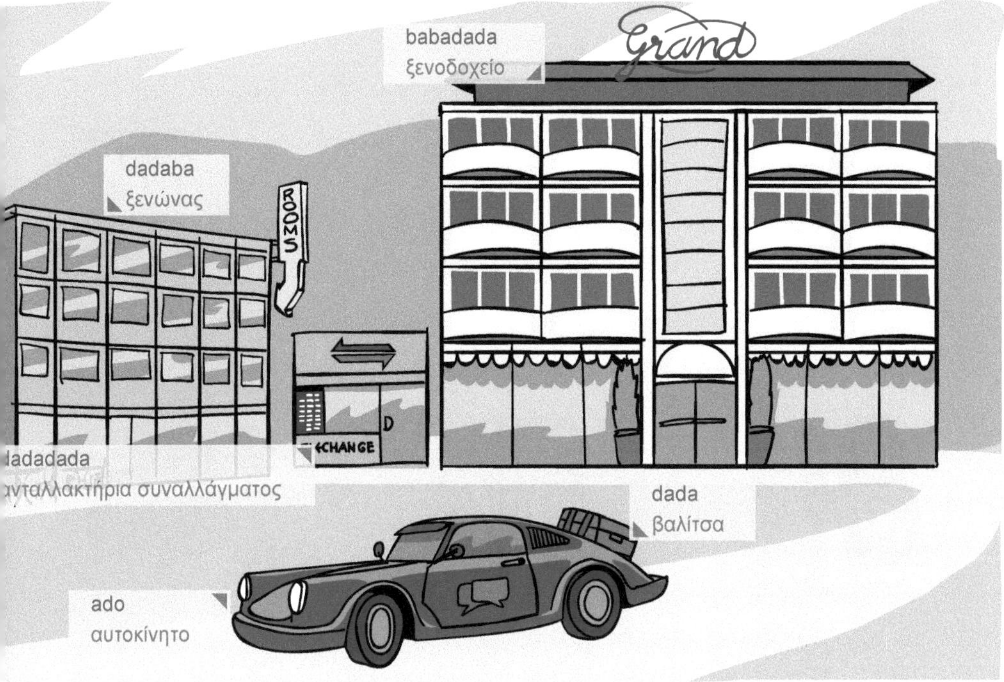

babadada
ξενοδοχείο
Grand
dadaba
ξενώνας
ROOMS
CHANGE
adadada
νταλλακτήρια συναλλάγματος
dada
βαλίτσα
ado
αυτοκίνητο

dadadada

γλώσσα

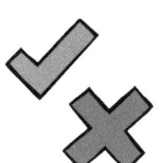

da / meh

ναι / όχι

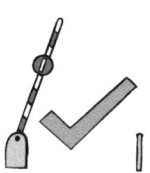

Oh

εντάξει

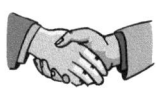

ba

γεια σου

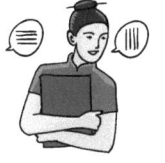

dada

μεταφραστής

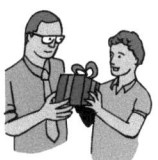

dada

Ευχαριστώ

babababa

πόσο κάνει ;

ah

Δε καταλαβαίνω

dadaba

πρόβλημα

ba dada

Καλησπέρα!

babadada

Καλημέρα!

heia!

Καληνύχτα!

dadaba

Αντίο

badada

κατεύθυνση

dada

αποσκευές

babababa

τσάντα

babababa

σακίδιο πλάτης

baba

καλεσμένος

dadadada

δωμάτιο

dadadada

υπνόσακος

dada

σκηνή

dadadada

ουριστικές πληροφορίες

badada

παραλία

babadada

πιστωτική κάρτα

dadababa

πρωινό

baba

μεσημεριανό

bababa

δείπνο

dada

εισιτήριο

dada

ανελκυστήρας

babadada

γραμματόσημο

badada

σύνορα

dadaba

τελωνείο

babadada

πρεσβεία

dadaba

βίζα

dada da da da

διαβατήριο

dadadada

μεταφορά

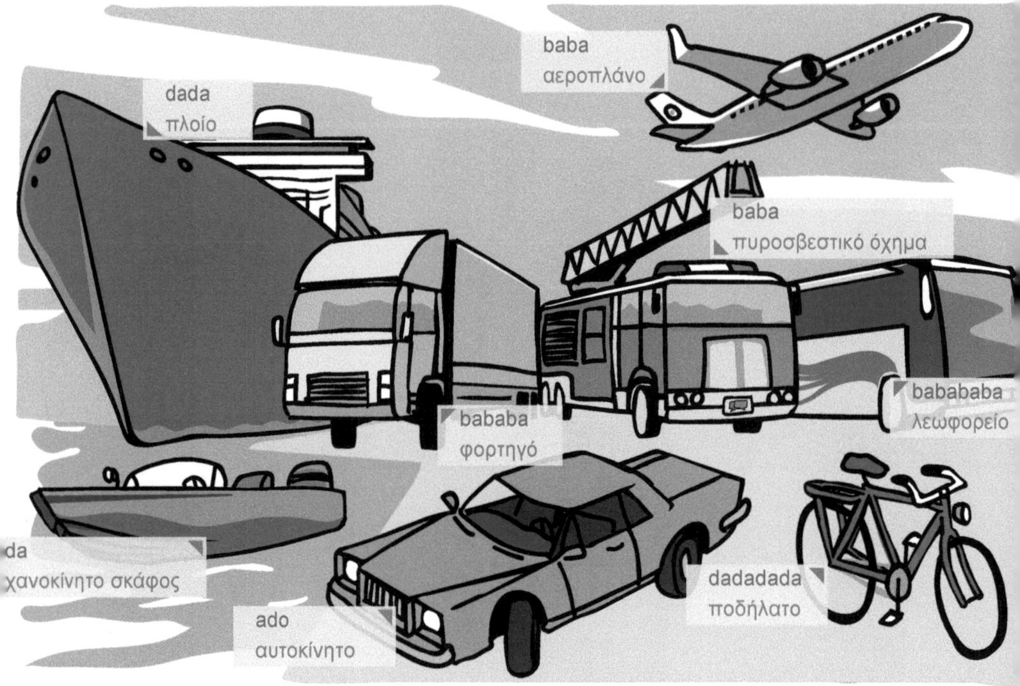
baba
αεροπλάνο
dada
πλοίο
baba
πυροσβεστικό όχημα
babababa
λεωφορείο
bababa
φορτηγό
da
χανοκίνητο σκάφος
dadadada
ποδήλατο
ado
αυτοκίνητο

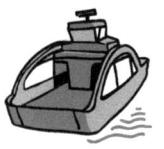

babadada

φεριμπότ

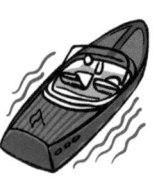

baba

βάρκα

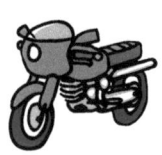

bababa

μοτοσικλέτα

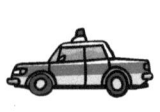

ado

περιπολικό

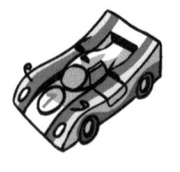

ado

αγωνιστικό αυτοκίνητο

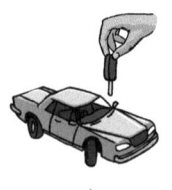

auto

ενοικιαζόμενο αυτοκίνητο

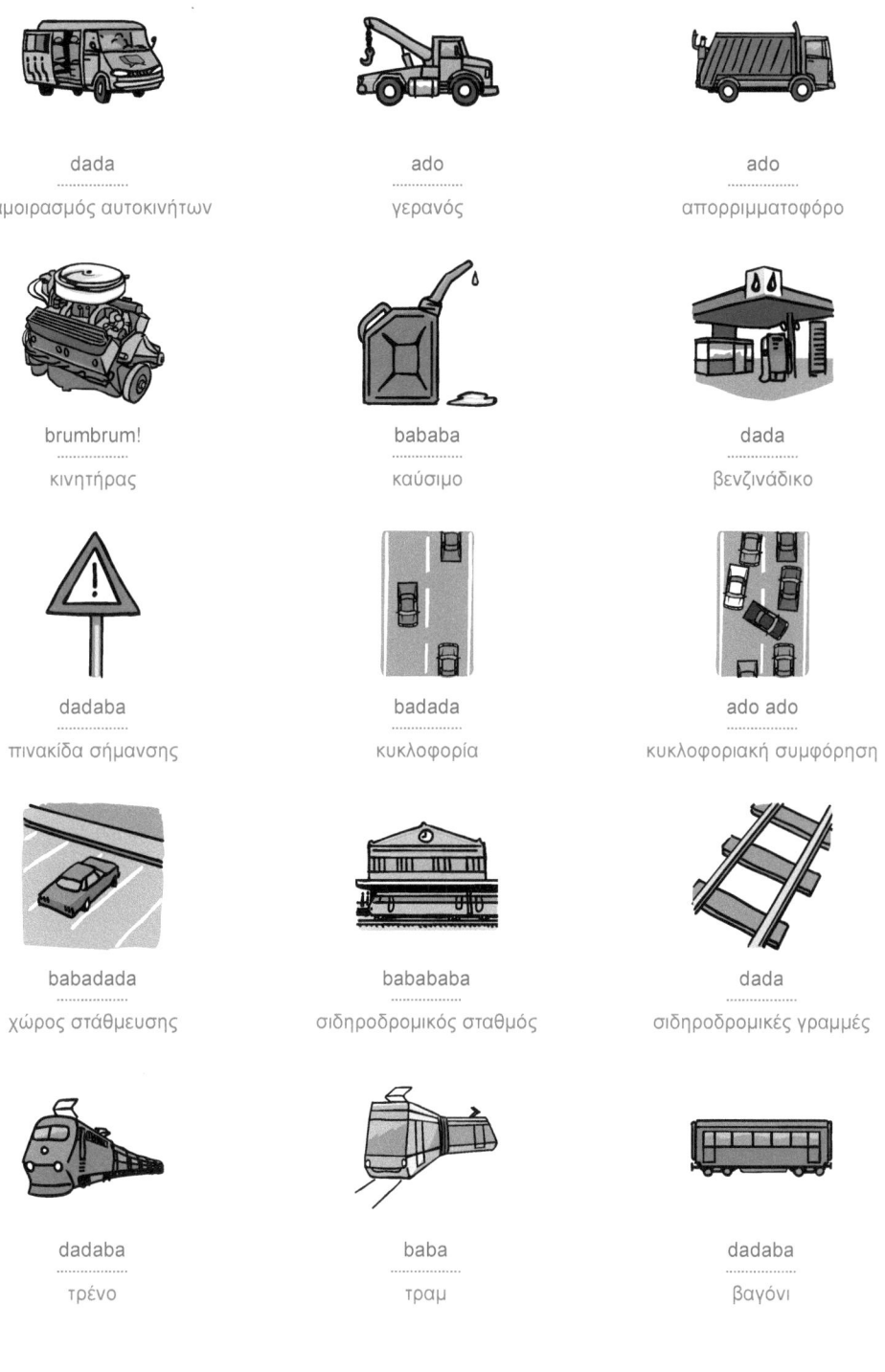

dada
ιμοιρασμός αυτοκινήτων

ado
γερανός

ado
απορριμματοφόρο

brumbrum!
κινητήρας

bababa
καύσιμο

dada
βενζινάδικο

dadaba
πινακίδα σήμανσης

badada
κυκλοφορία

ado ado
κυκλοφοριακή συμφόρηση

babadada
χώρος στάθμευσης

babababa
σιδηροδρομικός σταθμός

dada
σιδηροδρομικές γραμμές

dadaba
τρένο

baba
τραμ

dadaba
βαγόνι

baba

ελικόπτερο

baba

αεροδρόμιο

dadaba

πύργος

baba

επιβάτης

badada

εμπορευματοκιβώτιο

dada

χαρτοκιβώτιο

baba

καρότσι

dadadada

καλάθι

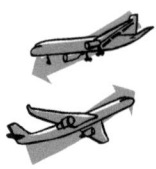

da / bada

απογειώνομαι /
προσγειόνομαι

dadaba

πόλη

bababa

χωριό

dadababa

κέντρο της πόλης

dadaba

σπίτι

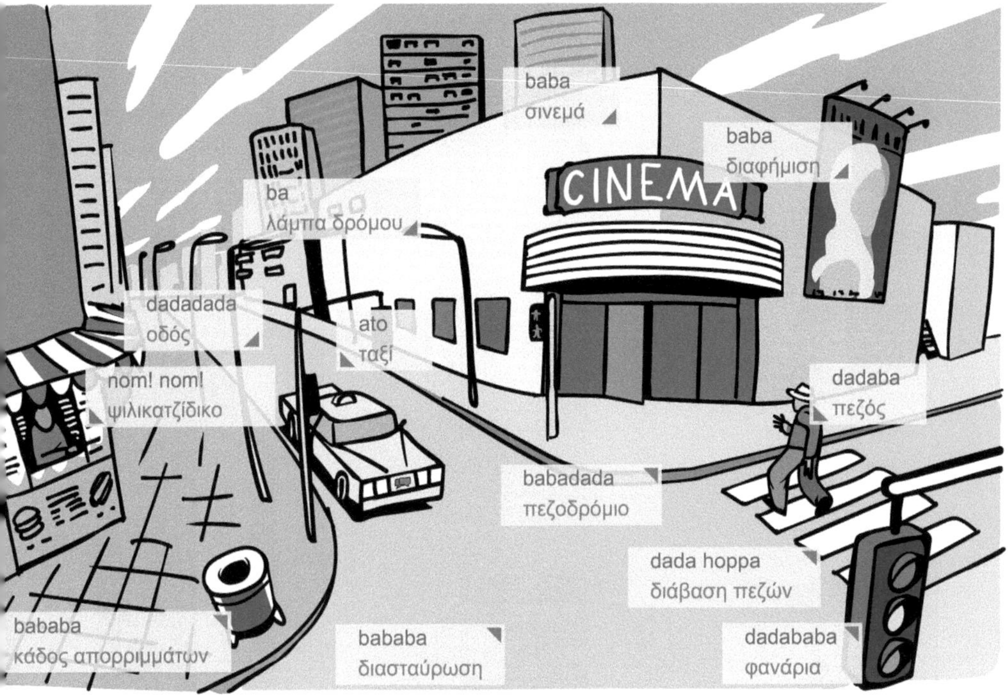
baba
σινεμά
baba
διαφήμιση
CINEMA
ba
λάμπα δρόμου
dadadada
οδός
ato
ταξί
nom! nom!
ψιλικατζίδικο
dadaba
πεζός
babadada
πεζοδρόμιο
dada hoppa
διάβαση πεζών
bababa
κάδος απορριμμάτων
bababa
διασταύρωση
dadababa
φανάρια

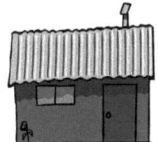

babadada

καλύβα

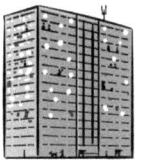

dadadada

διαμέρισμα

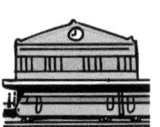

babababa

σιδηροδρομικός σταθμός

dadaba

δημαρχείο

MUSEUM

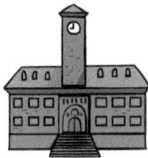

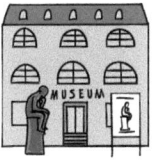

bababa

μουσείο

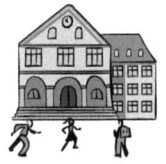

baba

σχολείο

bababab

πανεπιστήμιο

dadadada

τράπεζα

aua!

νοσοκομείο

babadada

ξενοδοχείο

aua!

φαρμακείο

baba

γραφείο

bababa

βιβλιοπωλείο

ba

κατάστημα

dadaba

ανθοπωλείο

dada nom nom

σούπερ μάρκετ

dadadada

αγορά

dadadada

πολυκατάστημα

nom! nom!

ιχθυοπωλείο

baba

εμπορικό κέντρο

ba

λιμάνι

dadadada

πάρκο

baba

παγκάκι

bababa

γέφυρα

dadadada

σκάλες

bababa

μετρό

baba

τούνελ

ba

στάση λεωφορείου

babababa

μπαρ

nom nom!

εστιατόριο

dadaba

γραμματοκιβώτιο

dada

πινακίδα δρόμου

baba

παρκόμετρο

bababa

ζωολογικός κήπος

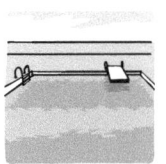

dada

πισίνα

baba

τζαμί

dadaba

αγρόκτημα

dadababa

ρύπανση

bababa

νεκροταφείο

ba

εκκλησία

dadababa

παιδική χαρά

bababa

ναός

dada

τοπίο

baba
φύλλο

baba
πινακίδα κατεύθυνσης

dada
δρόμος

bababa
λιβάδι

baba
πέτρα

dada
πεζοπόρος

dadababa
δέντρο

bababa
ποτάμι

dada
χορτάρι

mama!
λουλούδι

badada

κοιλάδα

bababa

λόφος

dadadada

λίμνη

dadadada

δάσος

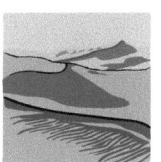

dadababa

έρημος

dadaba

ηφαίστειο

babababa

κάστρο

dadaba

ουράνιο τόξο

bababa

μανιτάρι

dadababa

φοίνικας

aua!

κουνούπι

badada

μύγα

dadababa

μυρμήγκι

summ summ

μέλισσα

dada

αράχνη

dadaba

σκαθάρι

quak

βάτραχος

dadababa

σκίουρος

dadaba

σκαντζόχοιρος

baba

λαγός

gackgack

κουκουβάγια

gackgack

πουλί

gackgack

κύκνος

babadada

αγριογούρουνο

dadadada

ελάφι

dadadada

άλκη

dadadada

φράγμα

ba

ανεμογεννήτρια

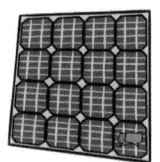

dadadada

ηλιακός συλλέκτης

bababa

κλίμα

dadadada
σερβιτόρος

baba
κατάλογος

dadaba
καρέκλα

nom! nom!
σούπα

nom nom!
πίτσα

babababa
τραπεζομάντιλο

ba
μαχαιροπίρουνα

nom! nom!
ορεκτικό

nom! nom!
κύριο πιάτο

nom nom!
επιδόρπιο

dadababa
ποτά

nom nom!
φαγητό

nom! nom!
μπουκάλι

nom! nom!

φαστ φουντ

nom! nom!

φαγητό στ' όρθιο

babababa

τσαγιέρα

nom! nom!

δοχείο ζάχαρης

nom nom!

μερίδα

dadaba

μηχανή εσπρέσο

bababa

ψηλή καρέκλα

ba

λογαριασμός

bababa

δίσκος

ba

μαχαίρι

babadada

πιρούνι

dadaba

κουτάλι

bababa

κουταλάκι του τσαγιού

dadaba

πετσέτα φαγητού

ba

ποτήρι

nom nom! - εστιατόριο

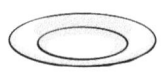

nom nom!

πιάτο

bababa

πιάτο σούπας

bababa

πιατάκι φλιτζανιού

nom! nom!

σάλτσα

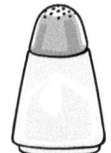

dadadada

αλατιέρα

dadaba

μύλος για πιπέρι

bähbäh

ξύδι

dadababa

λάδι

dadababa

μπαχαρικά

nom! nom!

κέτσαπ

nom! nom!

μουστάρδα

nom nom!

μαγιονέζα

dada nom nom

σούπερ μάρκετ

dadababa
προσφορά
dadaba
πελάτης
dadaba
γαλακτοκομικά προϊόντα
nom nom!
φρούτα
baba
καρότσι για ψώνια
FOR

BUTCHERS

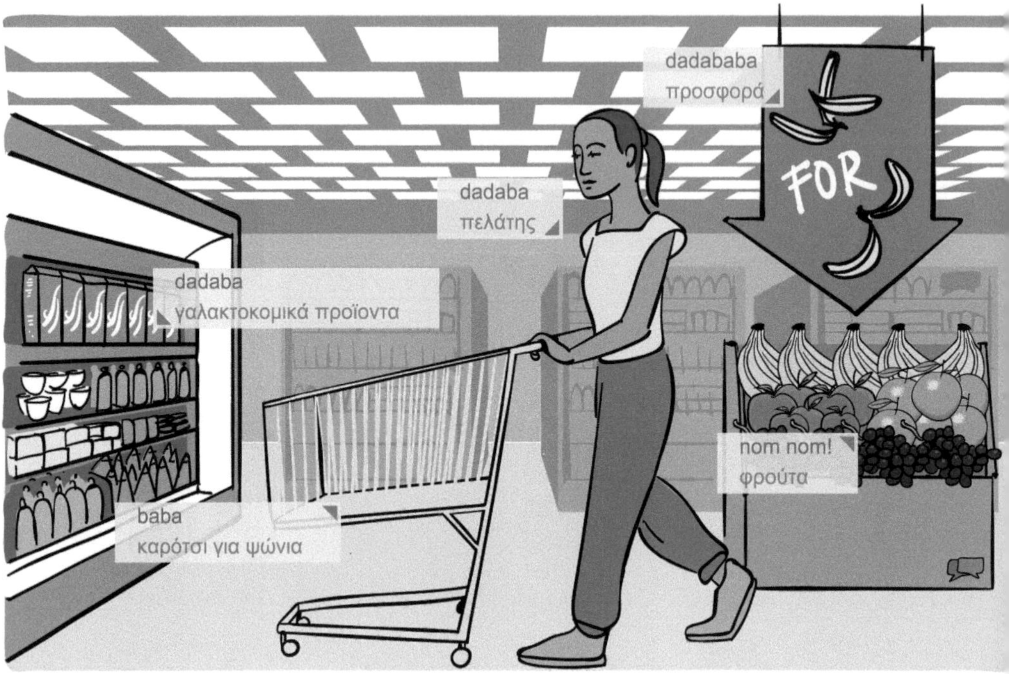

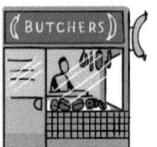

dadaba
κρεοπωλείο

BAKERY

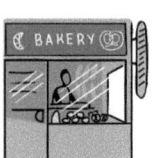

nom! nom!
φούρνος

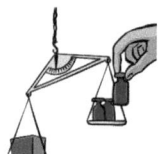

bababa
ζυγίζω

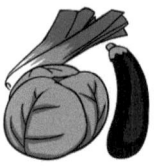

bähbäh
λαχανικά

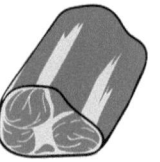

nom nom!
κρέας

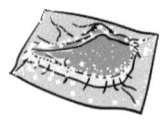

nomnom
κατεψυγμένα τρόφιμα

nom nom!

αλλαντικά

nomnom

κονσερβοποιημένη τροφή

bababa

απορρυπαντικό ρούχων

baba

γλυκά

dadaba

οικιακά είδη

dadababa

καθαριστικά προϊόντα

bababa

πωλήτρια

bababa

ταμείο

dadaba

ταμίας

dada

λίστα για ψώνια

dadababa

ωράριο λειτουργίας

baba

πορτοφόλι

babadada

πιστωτική κάρτα

dadababa

τσάντα

dadababa

πλαστική σακούλα

wasa

νερό

dadadada

χυμός

badada

γάλα

ba

κόκα κόλα

bababa

κρασί

dadadada

μπίρα

dadaba

αλκοόλ

bababa

κακάο

dadababa

τσάι

dada

καφές

dadaba

εσπρέσο

dadababa

καπουτσίνο

nane

μπανάνα

nom nom!

μήλο

bababa

πορτοκάλι

nom nom!

πεπόνι

nom nom!

λεμόνι

bähbäh

καρότο

bada meh

σκόρδο

dadaba

μπαμπού

dadaba

κρεμμύδι

nom nom!

μανιτάρι

nom nom!

ξηροί καρποί

nom nom!

νουντλς

nom nom!

μακαρόνια

nom nom!

ρύζι

nom nom!

σαλάτα

nom nom!

πατατάκια

nom nom!

τηγανητές πατάτες

nom nom!

πίτσα

nom nom!

χάμπουργκερ

nom nom!

σάντουιτς

nom nom!

κοτολέτα

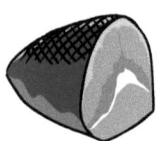

nom nom!

ζαμπόν

nom nom!

σαλάμι

nom nom!

λουκάνικο

gack gack

κοτόπουλο

nom nom!

ψητό

nom nom!

ψάρι

nom nom!

χυλός βρώμης

bähbäh

μούσλι

nom nom!

κορν φλέικς

nom nom!

αλεύρι

nom nom!

κρουασάν

babadada

ψωμάκι

nom! nom!

ψωμί

nom nom!

τοστ

nom nom!

μπισκότα

nom nom!

βούτυρο

nom nom!

τυρόπηγμα

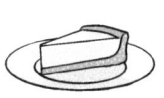

nom nom

κέικ

dadaba

αυγό

nom nom!

τηγανητό αυγό

bada muh

τυρί

nom nom!

παγωτό

nom nom!

ζάχαρη

baba summ

μέλι

nom nom!

μαρμελάδα

nom nom!

άλλειμμα σοκολάτας

babadada

κάρυ

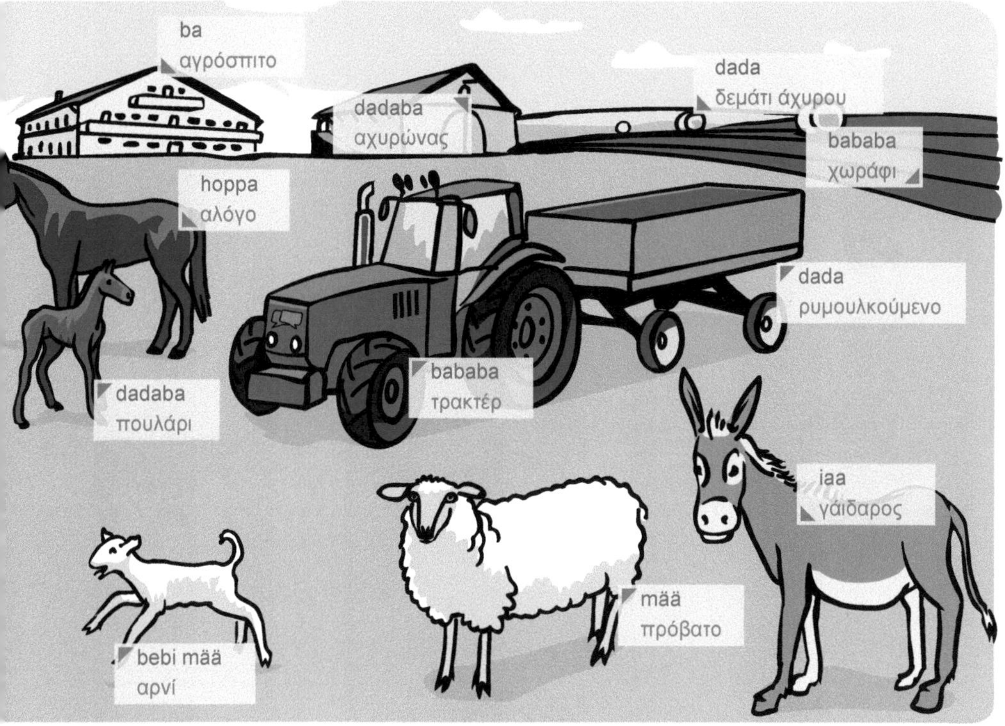

ba
αγρόσπιτο

dadaba
αχυρώνας

dada
δεμάτι άχυρου

bababa
χωράφι

hoppa
αλόγο

dada
ρυμουλκούμενο

dadaba
πουλάρι

bababa
τρακτέρ

iaa
γάιδαρος

mää
πρόβατο

bebi mää
αρνί

baba
κατσίκα

muh
αγελάδα

mimuh
μοσχαράκι

mama oink
γουρούνι

oink
γουρουνάκι

dadadada
ταύρος

gackgack

χήνα

gackquack

πάπια

gacki

κοτοπουλάκι

gackgack

κότα

gacko

κόκορας

dada

αρουραίος

mau

γάτα

bababa

ποντίκι

muh

βόδι

wauwau

σκύλος

wauwau

σπιτάκι σκύλου

baba

λάστιχο κήπου

dadababa

ποτιστήρι

baba

θεριστήρι

dadababa

αλέτρι

baba

δρεπάνι

dadadada

τσάπα

dada

δίκρανο

bababa

τσεκούρι

babababa

χειράμαξα

baba

ταΐστρα

dada muh

δοχείο γάλακτος

dadababa

σάκος

badada

φράχτης

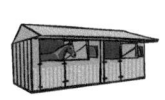

dadadada

στάβλος

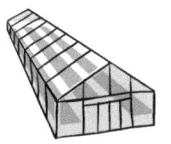

ba

θερμοκήπιο

babadada

έδαφος

baba

σπόρος

baba

λίπασμα

dadababa

θεριζοαλωνιστική μηχανή

bababa
θερίζω

dadadada
συγκομιδή

dadaba
γιαμς

dadababa
σιτάρι

dadababa
σόγια

bababa
πατάτα

badada
καλαμπόκι

bababa
κράμβη

bababa
οπωροφόρο δέντρο

dadadada
μανιόκα

dadababa
δημητριακά

dadaba - αγρόκτημα

dadaba

σπίτι

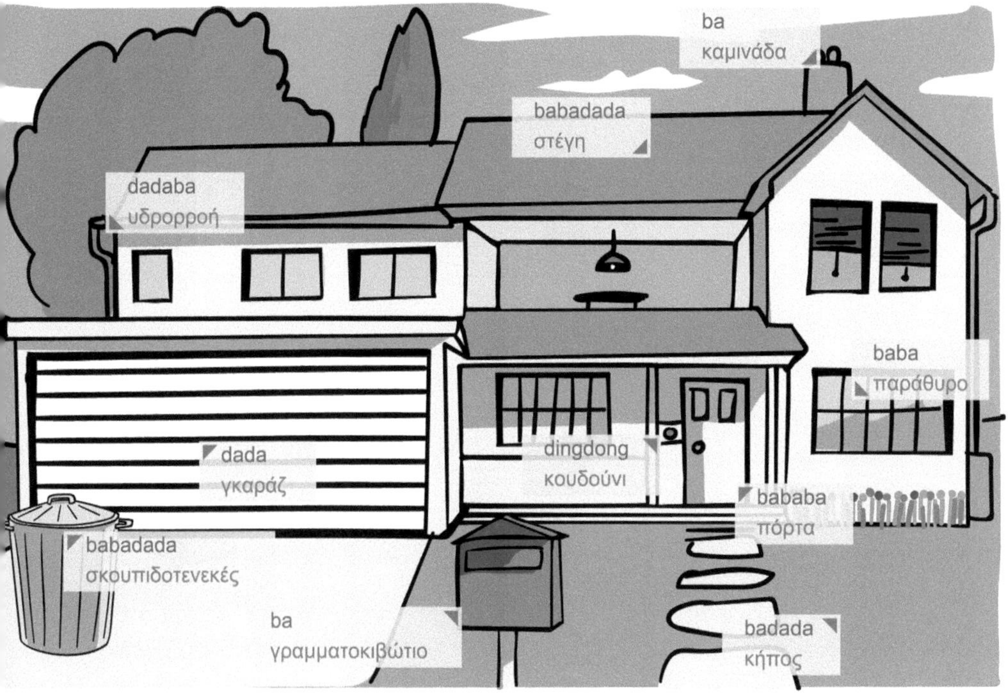
ba
καμινάδα
babadada
στέγη
dadaba
υδρορροή
baba
παράθυρο
dada
γκαράζ
dingdong
κουδούνι
bababa
πόρτα
babadada
σκουπιδοτενεκές
ba
γραμματοκιβώτιο
badada
κήπος

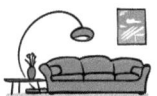

dadadada

σαλόνι

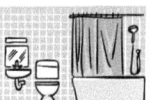

bababa

μπάνιο

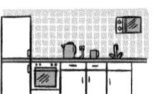

bababa

κουζίνα

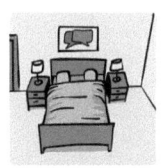

dadababa

υπνοδωμάτιο

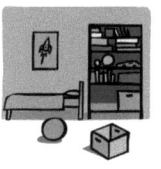

meina

παιδικό δωμάτιο

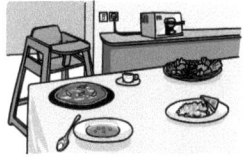

dadaba

τραπεζαρία

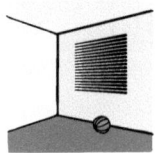

badada

πάτωμα

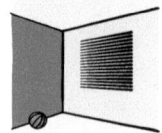

dadababa

τοίχος

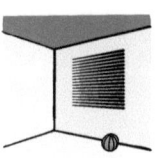

bababa

οροφή

dada

κελάρι

dadababa

σάουνα

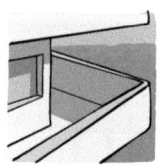

babababa

μπαλκόνι

dadadada

βεράντα

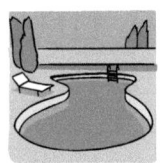

bababa

πισίνα

baba

μηχανή του γκαζόν

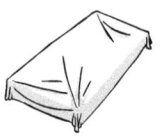

dadaba

σεντόνι

babadada

κάλυμμα κρεβατιού

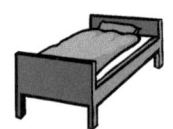

heia!

κρεβάτι

dada

σκούπα

dadaba

κουβάς

dadababa

διακόπτης

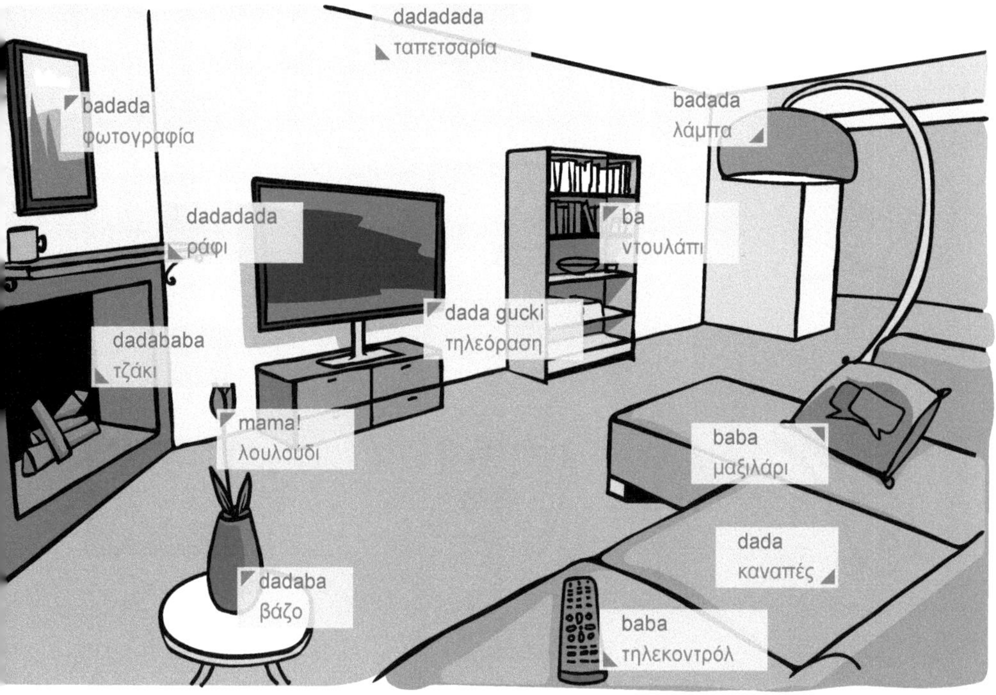

dadadada
ταπετσαρία

badada
φωτογραφία

badada
λάμπα

dadadada
ράφι

ba
ντουλάπι

dadababa
τζάκι

dada gucki
τηλεόραση

mama!
λουλούδι

baba
μαξιλάρι

dada
καναπές

dadaba
βάζο

baba
τηλεκοντρόλ

dada

χαλί

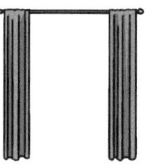

bababa

κουρτίνα

ba

τραπέζι

dadaba

καρέκλα

dadadada

κουνιστή πολυθρόνα

bababa

πολυθρόνα

dadaba

βιβλίο

dadadada

κουβέρτα

dadaba

διακόσμηση

ba

καυσόξυλα

dadadada

ταινία

lala

στερεοφωνικό σύστημα

babadada

κλειδί

dadadada

εφημερίδα

dadadada

πίνακας ζωγραφικής

bababa

αφίσα

lala

ραδιόφωνο

dadababa

σημειωματάριο

babadada

ηλεκτρική σκούπα

aua!

κάκτος

babadada

κερί

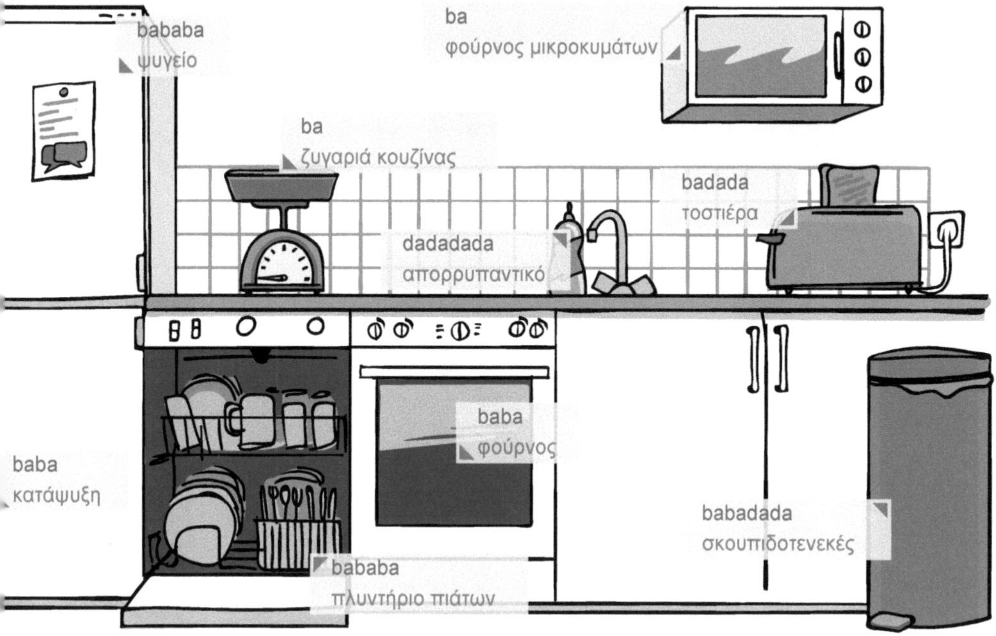

bababa
ψυγείο

ba
φούρνος μικροκυμάτων

ba
ζυγαριά κουζίνας

badada
τοστιέρα

dadadada
απορρυπαντικό

baba
κατάψυξη

baba
φούρνος

babadada
σκουπιδοτενεκές

bababa
πλυντήριο πιάτων

dada
κουζίνα

dada
κατσαρόλα

dada
μαντεμένια κατσαρόλα

baba / dada
γουόκ/καντάι

badada
τηγάνι

ba
βραστήρας

dadababa

ατμομάγειρας

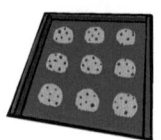

bababa

ταψί

dadaba

πιατικά

dadadada

κούπα

dadaba

μπολ

baba

ξυλάκια

dadaba

κουτάλα

dadadada

σπάτουλα

badada

ανακατεύω

dada

σουρωτήρι

bababa

σουρωτηράκι

baba

τρίφτης

dadababa

γουδί

dada

ψησταριά

aua!

ανοιχτή φωτιά

dadababa

σανίδα κοπής

babababa

πλάστης

dadababa

ανοιχτήρι φελλών

dadadada

κονσέρβα

bababa

ανοιχτήρι κονσέρβας

dadababa

γάντι φούρνου

dadadada

νεροχύτης

dadababa

βούρτσα

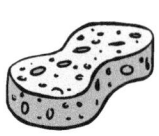

ba

σφουγγάρι

aua!

μπλέντερ

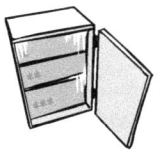

babadada

καταψύκτης

bababa

μπιμπερό

dadadada

βρύση

bababa
μπάνιο

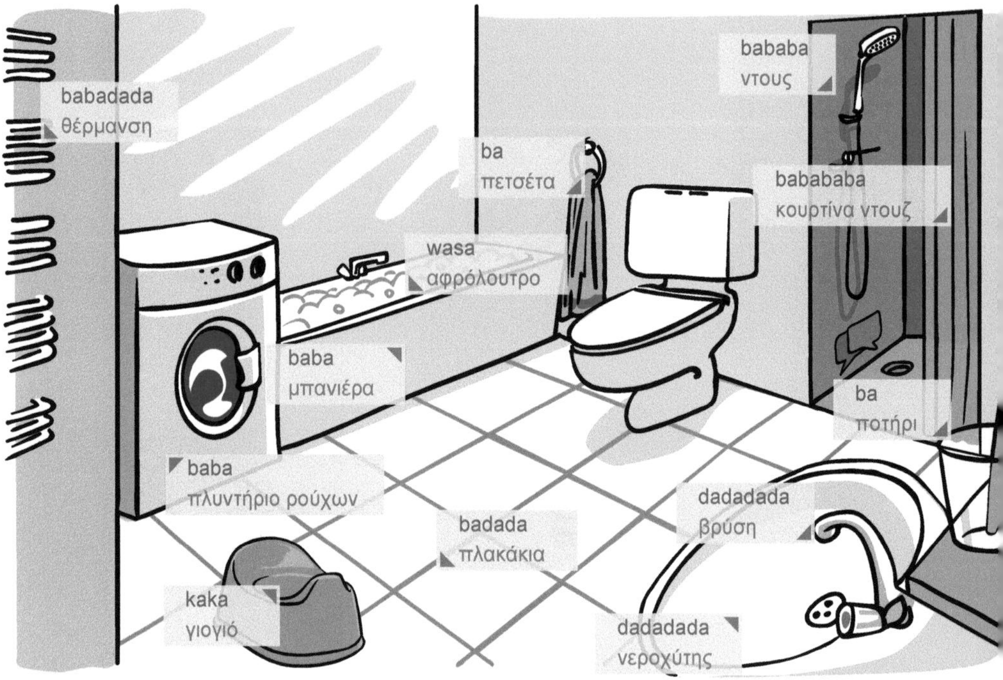

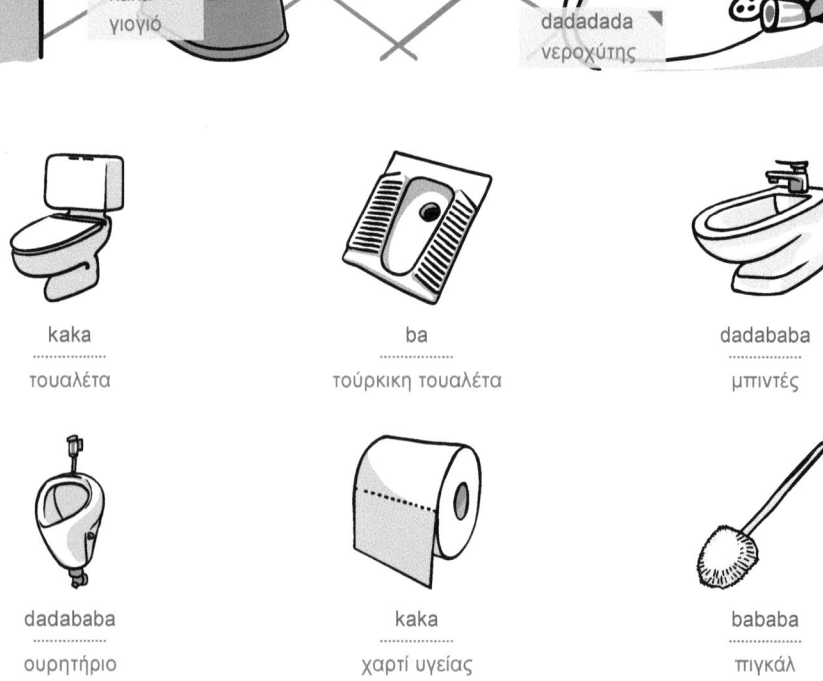

bababa
ντους
babadada
θέρμανση
ba
πετσέτα
babababa
κουρτίνα ντουζ
wasa
αφρόλουτρο
baba
μπανιέρα
ba
ποτήρι
baba
πλυντήριο ρούχων
dadadada
βρύση
badada
πλακάκια
kaka
γιογιό
dadadada
νεροχύτης

kaka
τουαλέτα

ba
τούρκικη τουαλέτα

dadababa
μπιντές

dadababa
ουρητήριο

kaka
χαρτί υγείας

bababa
πιγκάλ

bababa

οδοντόβουρτσα

nom! nom!

οδοντόκρεμα

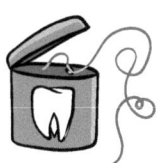

dadadada

οδοντικό νήμα

bababa

πλένω

bababbaba

τηλέφωνο ντους

dadadada

ντουσιέρα

badada

λεκάνη

dadadada

βούρτσα πλάτης

nom! nom!

σαπούνι

nom! nom!

αφρόλουτρο

nom! nom!

σαμπουάν

babadada

φανέλα

dadaba

σιφόνι

nom! nom!

κρέμα

bababbaba

αποσμητικό

dadadada

καθρέφτης

dadadada

καθρέφτης χειρός

ba

ξυραφάκι

nom! nom!

αφρός ξυρίσματος

nam! nam!

αφτερσέιβ

dadababa

χτένα

baba

βούρτσα

dadadada

σεσουάρ

badada

λακ

dadaba

μακιγιάζ

mama!

κραγιόν

ba

βερνίκι νυχιών

bababa

βαμβάκι

dadadada

ψαλίδι νυχιών

bababa

άρωμα

dadadada

νεσεσέρ

bababa

σκαμπό

dadadada

ζυγαριά

ba

μπουρνούζι

bababab

ελαστικά γάντια

ba

ταμπόν

bababa

πετσέτα υγιεινής

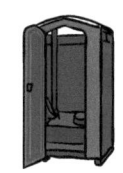

baba

χημική τουαλέτα

meina

παιδικό δωμάτιο

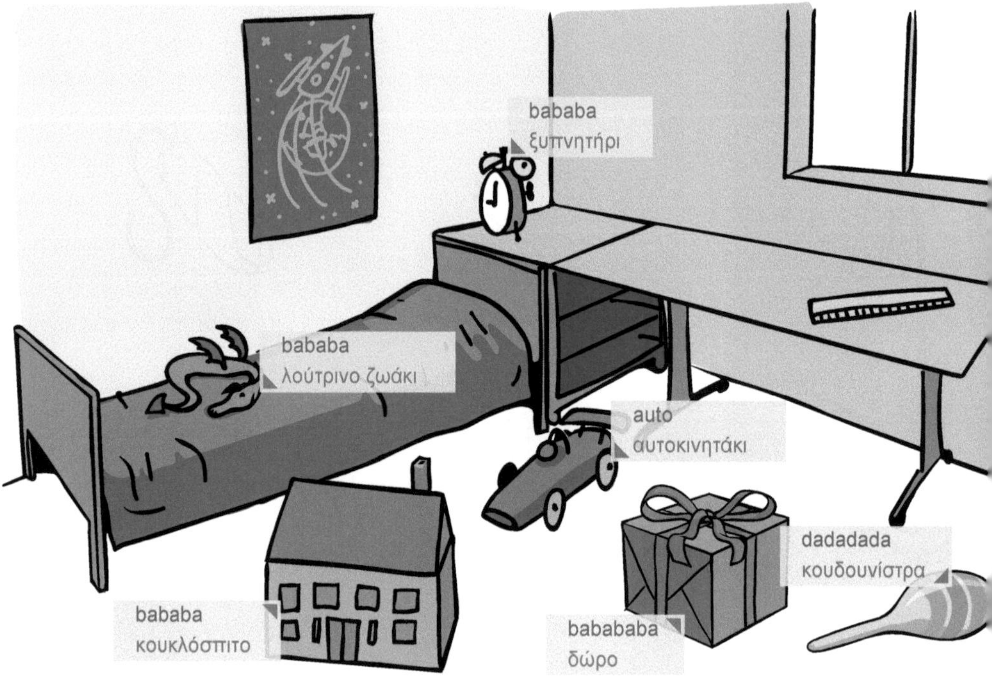

bababa
ξυπνητήρι
bababa
λούτρινο ζωάκι
auto
αυτοκινητάκι
dadadada
κουδουνίστρα
bababa
κουκλόσπιτο
babababa
δώρο

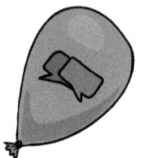

dadadada

μπαλόνι

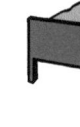

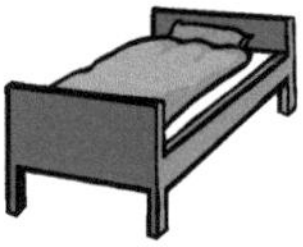

heia!

κρεβάτι

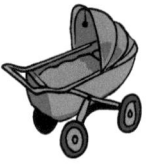

dadaba

καροτσάκι

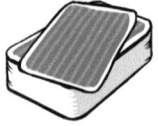

dadababa

τράπουλα

bababa

παζλ

SUPER
MEGA

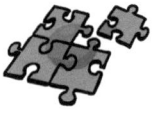

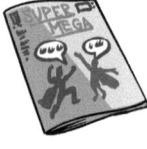

dadababa

κόμικς

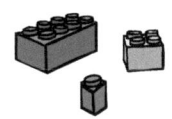

badada

τουβλάκια lego

badada

τουβλάκια κατασκευών

dada

φιγούρα δράσης

dadadada

βρεφικό φορμάκι

dadaba

φρίσμπι

dadaba

μόμπιλο

ba

επιτραπέζιο παιχνίδι

baba

ζάρια

dadababa

σετ τρενάκι

lula

πιπίλα

baba

πάρτι

dadaba

εικονογραφημένο βιβλίο

dada

μπάλα

dada

κούκλα

badada

παίζω

dadaba

σκάμμα με άμμο

babababa

κούνια

dadababa

παιχνίδια

dadaba

κονσόλα βιντεοπαιχνιδιών

babadada

τρίκυκλο

dadababa

αρκουδάκι

dadaba

ντουλάπα

baba
ρούχα

dadadada

κάλτσες

ba

καλτσοδέτες

dada

καλσόν

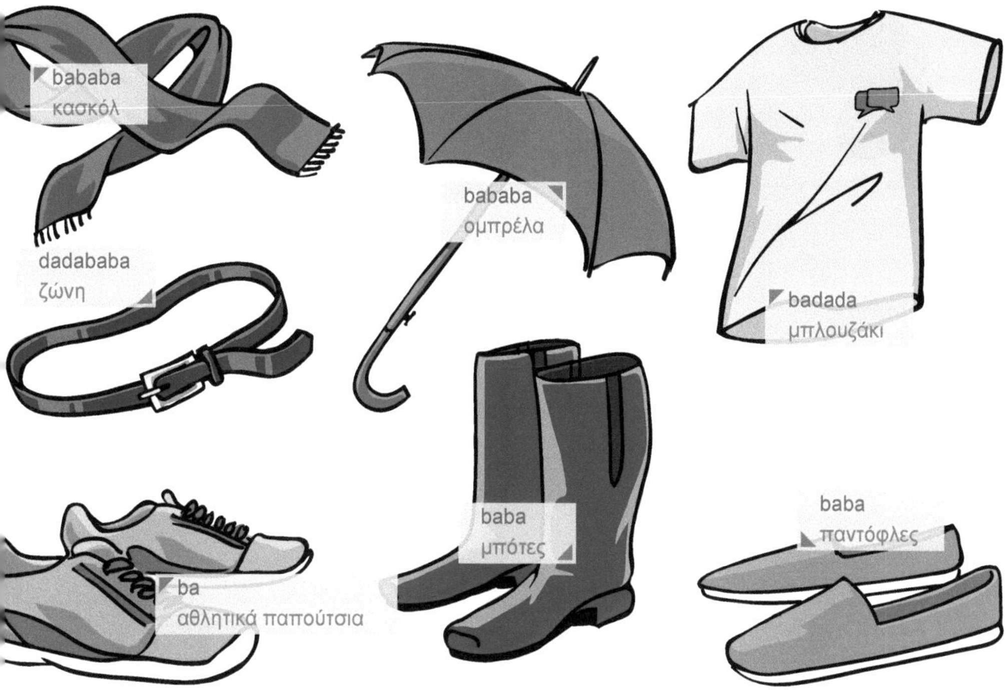

bababa
κασκόλ

bababa
ομπρέλα

dadababa
ζώνη

badada
μπλουζάκι

baba
μπότες

baba
παντόφλες

ba
αθλητικά παπούτσια

bababa
....
σανδάλια

badada
....
παπούτσια

dada
....
γαλότσες

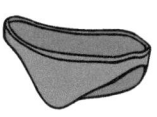

ba
....
εσώρουχο

baba
....
σουτιέν

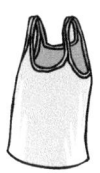

dadadada
....
φανέλα

baba - ρούχα

badada

σώμα

ba

παντελόνι

bababa

τζιν παντελόνι

dada

φούστα

bababa

μπλούζα

dadadada

πουκάμισο

baba

πουλόβερ

baba

πουλόβερ

babadada

σακάκι

baba

μπουφάν

bababa

παλτό

dadababa

αδιάβροχο πανωφόρι

bababa

κοστούμι

ba

φόρεμα

dadaba

νυφικό

dadadada

κοστούμι

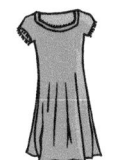

babababa

νυχτικό

heia

πιτζάμες

baba

σάρι

dadadada

μαντήλι

dada

τουρμπάνι

dada

μπούρκα

baba

καφτάνι

dadadada

μουσουλμανικό ένδυμα

wasa

ολόσωμο μαγιό

bababa

ανδρικό μαγιό

dadababa

σορτς

babababa

αθλητική φόρμα

baba

ποδιά

babababa

γάντια

baba - ρούχα

dadaba

κουμπί

babadada

γυαλιά

dada

βραχιόλι

dadababa

περιδέραιο

bababa

δαχτυλίδι

dadababa

σκουλαρίκι

dada

καπέλο

babadada

κρεμάστρα

dadababa

καπέλο

bababa

γραβάτα

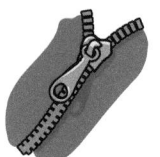

badada

φερμουάρ

dadaba

κράνος

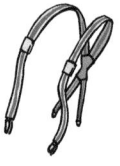

dada

τιράντες

babadada

μαθητική στολή

babababa

στολή

namnam

σαλιάρα

lula

πιπίλα

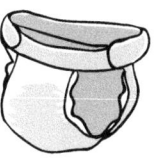

kaka!

πάνα

baba
γραφείο

dadaba
σέρβερ

dadababa
αρχειοθήκη

badada
εκτυπωτής

dadadada
χαρτί

dadadada
οθόνη

ba
γραφείο

baba
ποντίκι

dadaba
ντοσιέ

dada
πληκτρολόγιο

babadada
καλάθι αχρήστων

dada
υπολογιστής

bababa
καρέκλα

dada

κούπα του καφέ

bababa

κομπιουτεράκι

da da

ίντερνετ

baba - γραφείο

49

papa!
λάπτοπ

dadababa
γράμμα

ba
μήνυμα

fon
κινητό

bababa
δίκτυο

ba
φωτοτυπικό μηχάνημα

bababa
λογισμικό

dada bing
τηλέφωνο

aua!
πρίζα

bababa
συσκευή φαξ

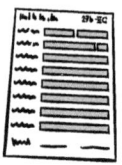

dadaba
έντυπο

bababa
έγγραφο

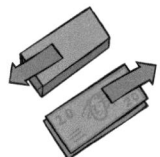

baba

αγοράζω

dadadada

πληρώνω

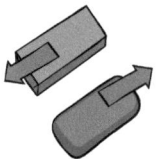

dadaba

συναλλάσσομαι

badada

χρήματα

babadada

δολάριο

dadaba

ευρώ

bababa

γιεν

ba

ρούβλι

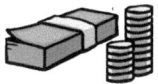

dada

ελβετικό φράγκο

dada

ρενμίνμπι γιουάν

ba

ρουπία

ba

ATM (αυτόματη ταμειακή μηχανή)

dadadada

ανταλλακτήρια συναλλάγματος

dadadada

χρυσός

baba

ασήμι

dadadada

πετρέλαιο

ba

ενέργεια

dadadada

τιμή

baba

συμβόλαιο

bababa

φόρος

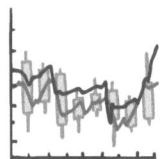

dadadada

μετοχή

dadaba

δουλεύω

dadadada

υπάλληλος

dadababa

εργοδότης

dadaba

εργοστάσιο

ba

κατάστημα

ba

επαγγέλματα

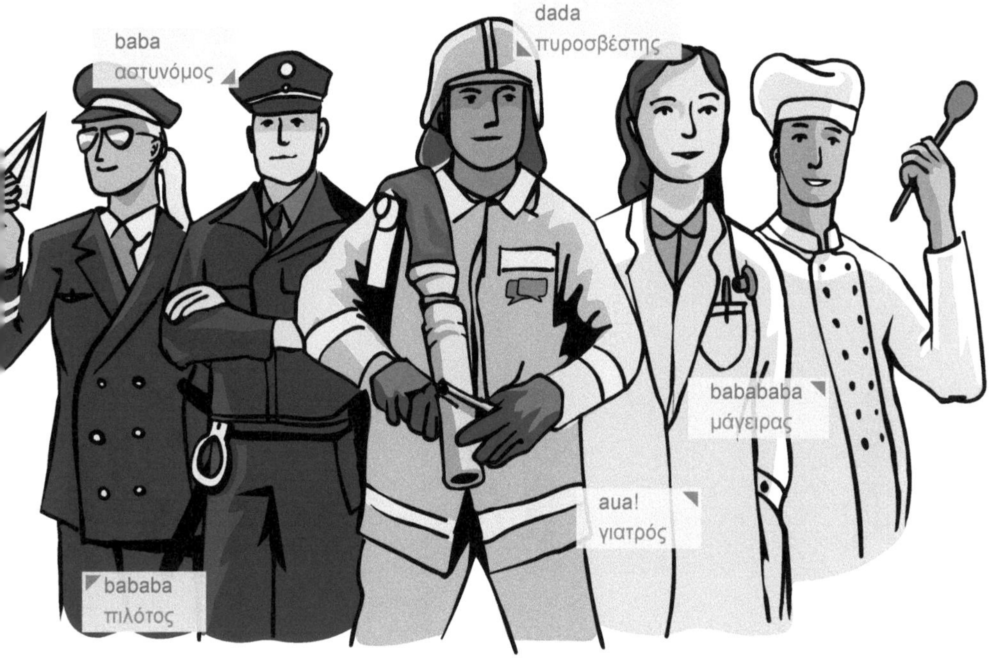
dada
πυροσβέστης
baba
αστυνόμος
babababa
μάγειρας
aua!
γιατρός
bababa
πιλότος

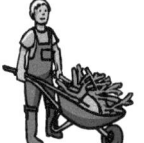

bababa

κηπουρός

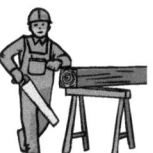

bababa

ξυλουργός

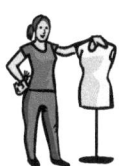

baba

μοδίστρα

bababa

δικαστής

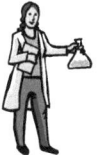

dadaba

χημικός

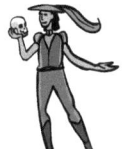

dadababa

ηθοποιός

ba

οδηγός λεωφορείου

auto mann

ταξιτζής

bababa

ψαράς

dadadada

καθαρίστρια

dadadada

τεχνίτης στεγών

dadadada

σερβιτόρος

badada

κυνηγός

dadadada

ζωγράφος

dadababa

αρτοποιός

papa!

ηλεκτρολόγος

babababa

οικοδόμος

bababa

μηχανολόγος

dadababa

κρεοπώλης

dadadada

υδραυλικός

bababa

ταχυδρόμος

dadadada

στρατιώτης

ba

αρχιτέκτονας

dadaba

ταμίας

babababa

ανθοπώλης

babadada

κομμωτής

babababa

ελεγκτής εισιτηρίων

dadaba

μηχανικός

dada

καπετάνιος

badada

οδοντίατρος

ba

επιστήμονας

babababa

ραβίνος

dadaba

ιμάμης

dada

μοναχός

dadadada

ιερέας

dada
εργαλεία

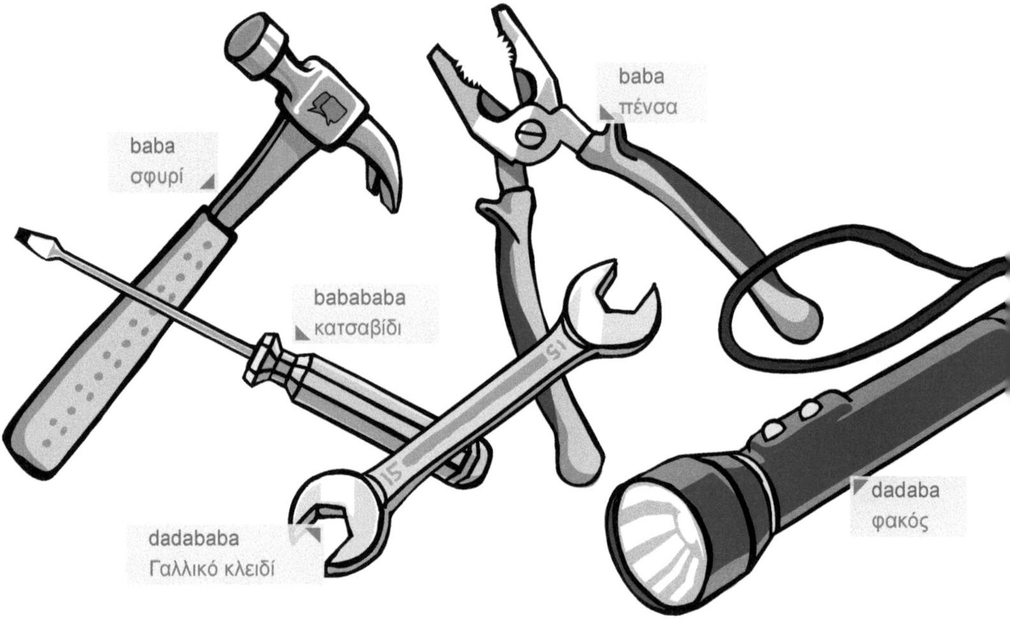
baba
πένσα
baba
σφυρί
babababa
κατσαβίδι
dadababa
Γαλλικό κλειδί
dadaba
φακός

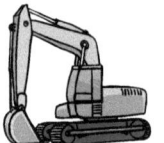

dadaba

εκσκαφέας

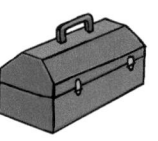

baba

εργαλειοθήκη

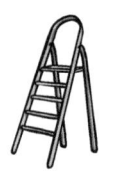

babababa

σκάλα

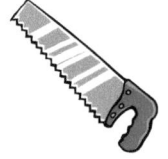

dadaba

πριόνι

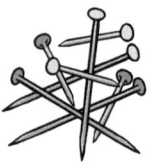

babadada

καρφιά

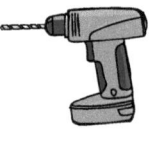

dada

τρυπάνι

dadababa
....

επισκευάζω

dada
....

φτυάρι

aua!
....

Να πάρει!

dada
....

φαράσι

dadaba
....

δοχείο χρωμάτων

bababab
a...........

βίδες

bababa
μουσικά όργανα

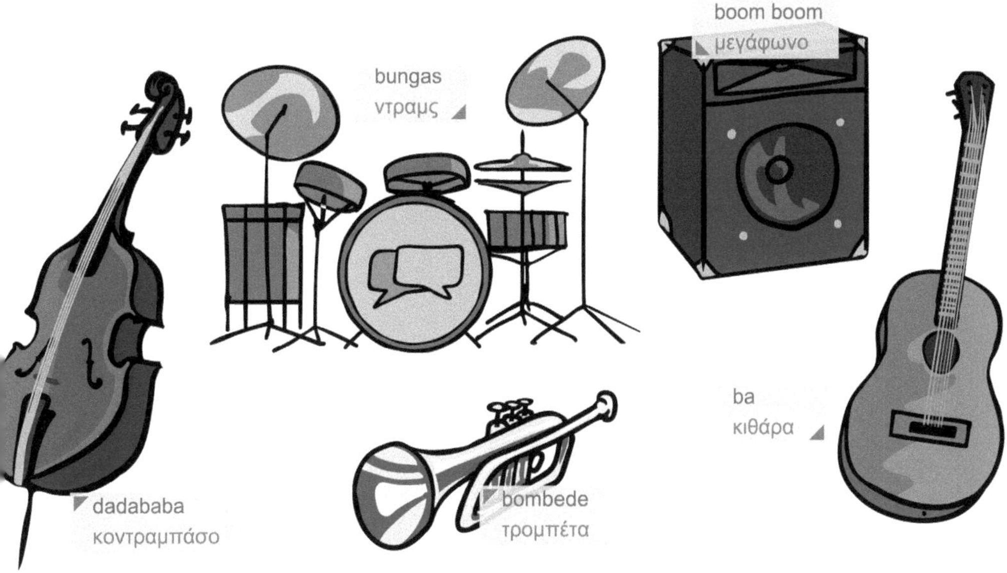

boom boom
μεγάφωνο

bungas
ντραμς ◢

ba
κιθάρα ◢

▼dadababa
κοντραμπάσο

bombede
τρομπέτα

bingbing

πιάνο

bababa

βιολί

ba

μπάσο

badada

τύμπανα

bunga bunga

τύμπανο

badada

πλήκτρα

dadababa

σαξόφωνο

dadababa

φλάουτο

dadadada

μικρόφωνο

bababa - μουσικά όργανα

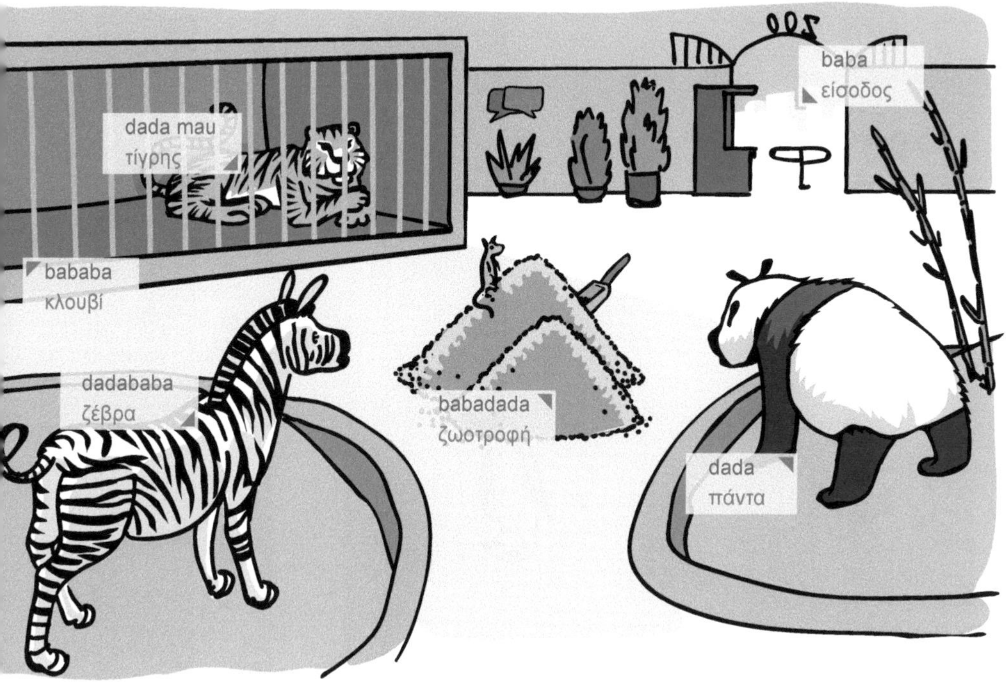

baba
είσοδος

dada mau
τίγρης

bababa
κλουβί

dadababa
ζέβρα

babadada
ζωοτροφή

dada
πάντα

dadadada

ζώα

bababa

ελέφαντας

dadaba

καγκουρό

babadada

ρινόκερος

dada

γορίλας

babababa

αρκούδα

dadaba

καμήλα

gackgack

στρουθοκάμηλος

babadada

λιοντάρι

dadaba

πίθηκος

gackgack

φλαμίνγκο

bababa

παπαγάλος

bababa

πολική αρκούδα

dada

πιγκουίνος

bababa

καρχαρίας

dadaba

παγώνι

badada

φίδι

babababa

κροκόδειλος

dadadada

φύλακας ζωολογικού κήπου

dada

φώκια

bababa

τζάγκουαρ

ei!

πόνυ

dadadada

λεοπάρδαλη

dada

ιπποπόταμος

babababa

καμηλοπάρδαλη

bababa

αετός

babadada

αγριογούρουνο

nom nom!

ψάρι

dadadada

χελώνα

anje

θαλάσσιος ίππος

dadadada

αλεπού

bababa

γαζέλα

dadababa
Αμερικάνικο ποδόσφαιρο

dadaba
ποδηλασία

bum bum
αντισφαίριση

ball
μπάσκετ

badada
κολύμβηση

aua!
πυγχαμία

baba
χόκεϋ επί πάγου

dadadada

ποδόσφαιρο

badada

μπάντμιντον

dadababa

στίβος

ball

χάντμπολ

dadadada

σκι

baba

πόλο

baba
γελάω

dada
πηδάω

bababa
αγκαλιάζω

dada
περπατάω

dadababa
τραγουδάω

dadababa
ονειρεύομαι

dadadada
προσεύχομαι

mama!
φιλάω

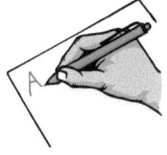

dadaba

γράφω

dada

σχεδιάζω

dadababa

δείχνω

dada

πιέζω

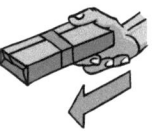

badada

δίνω

dadaba

παίρνω

dadaba

έχω

dadadada

κάνω

babadada

είμαι

dadadada

στέκομαι

baba

τρέχω

dadababa

τραβάω

dadadada

ρίχνω

dadaba

πέφτω

badada

ξαπλώνω

dadaba

περιμένω

bababa

κουβαλώ

ba

κάθομαι

dadababa

φοράω

heia!

κοιμάμαι

bababa

ξυπνάω

bababababa

κοιτάω

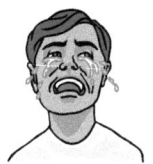

baaaaaa

κλαίω

dadadada

χαϊδεύω

bababa

χτενίζω

bababa

μιλάω

baba

καταλαβαίνω

badada

ρωτάω

dadababa

ακούω

bababa

πίνω

nomnom!

τρώω

badada

συγυρίζω

ba

αγαπάω

badada

μαγειρεύω

dadababa

οδηγώ

dadadada

πετάω

dadababa

κάνω ιστιοπλοΐα

dadababa

υπολογίζω

dadadada

διαβάζω

dadababa

μαθαίνω

dadaba

δουλεύω

baba

παντρεύομαι

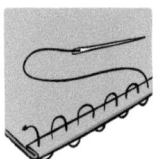

dada

ράβω

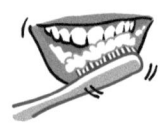

aua!

βουρτσίζω τα δόντια

aua!

σκοτώνω

dadababa

καπνίζω

babababa

στέλνω

oma!
γιαγιά

opa!
παππούς

papa!
πατέρας

mama!
μητέρα

bebi
μωρό

ba
κόρη

badada
γιος

baba
....
καλεσμένος

ba
....
θεία

bababa
....
θείος

nein!
....
αδελφός

nein!
....
αδελφή

dadababa

σώμα

bababa
μέτωπο
dada
μάτι
bababa
ώμος
dada
δάχτυλο
dada
πρόσωπο
dadababa
πιγούνι
baba
χέρι
dadaba
πόδι
da
στήθος
bababa
βραχίονας

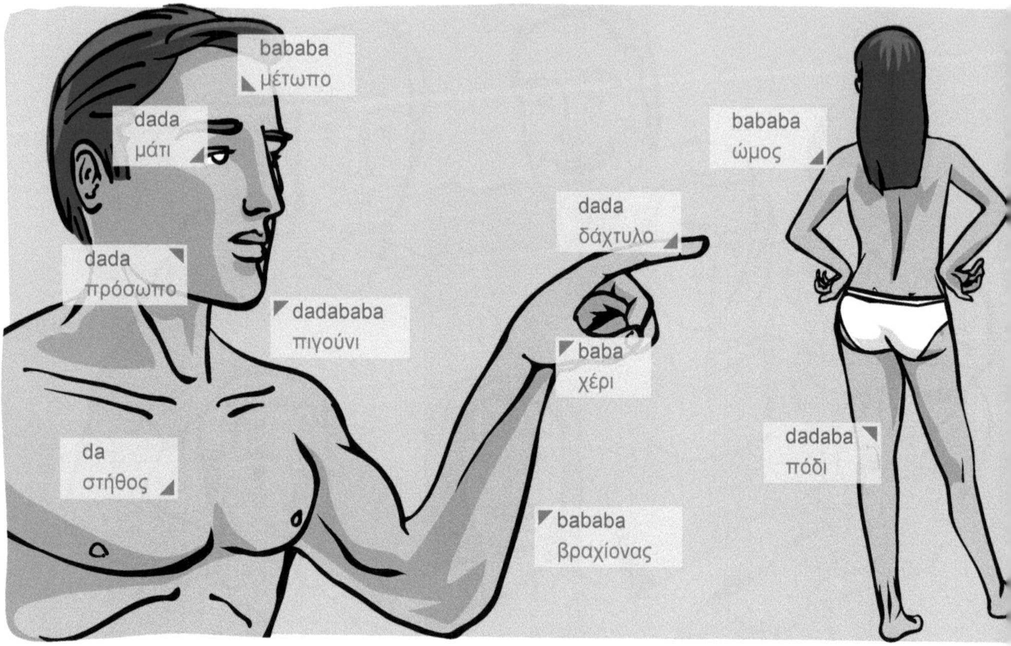

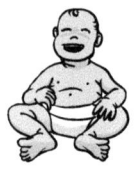

bebi

μωρό

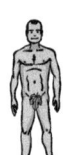

papa!

άνδρας

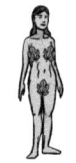

mama

γυναίκα

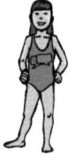

baba

κορίτσι

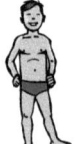

babadada

αγόρι

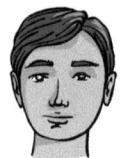

bababa

κεφάλι

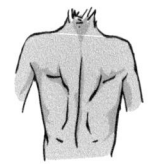

baba

πλάτη

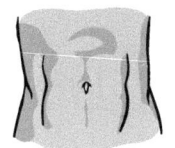

dadababa

κοιλιά

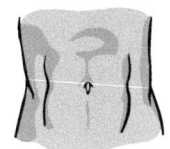

dada

αφαλός

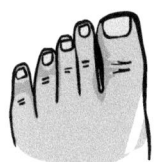

dadababa

δάχτυλο ποδιού

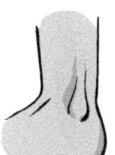

ba

φτέρνα

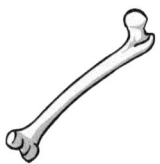

badada

κόκκαλο

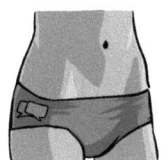

bababa

γοφός

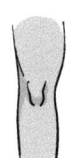

dada

γόνατο

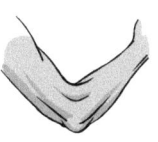

dadadada

αγκώνας

bababa

μύτη

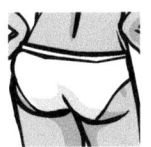

popo

γλουτός

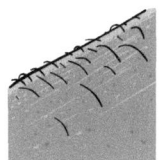

dadaba

δέρμα

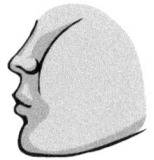

badada

μάγουλο

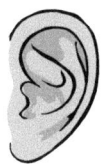

dada

αυτί

babababa

χείλος

dadababa

στόμα

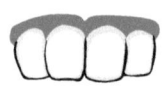

dadadada

δόντι

baba

γλώσσα

dadadada

εγκέφαλος

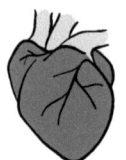

baba

καρδιά

dada

μυς

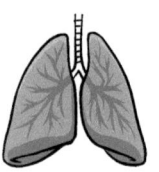

dada

πνεύμονας

dada

συκώτι

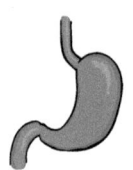

dadababa

στομάχι

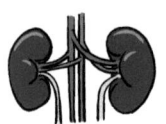

dadaba

νεφρά

babadada

σεξουαλική επαφή

dada

προφυλακτικό

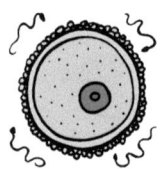

badada

ωάριο

dadababa

σπέρμα

dadababa

εγκυμοσύνη

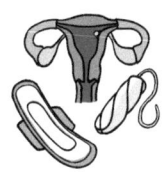

ba

περίοδος

mumu

γυναικείος κόλπος

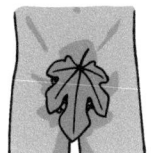

pipi

πέος

dada

φρύδι

dadababa

μαλλιά

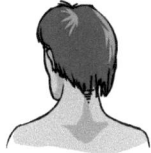

bababa

λαιμός

aua!
νοσοκομείο

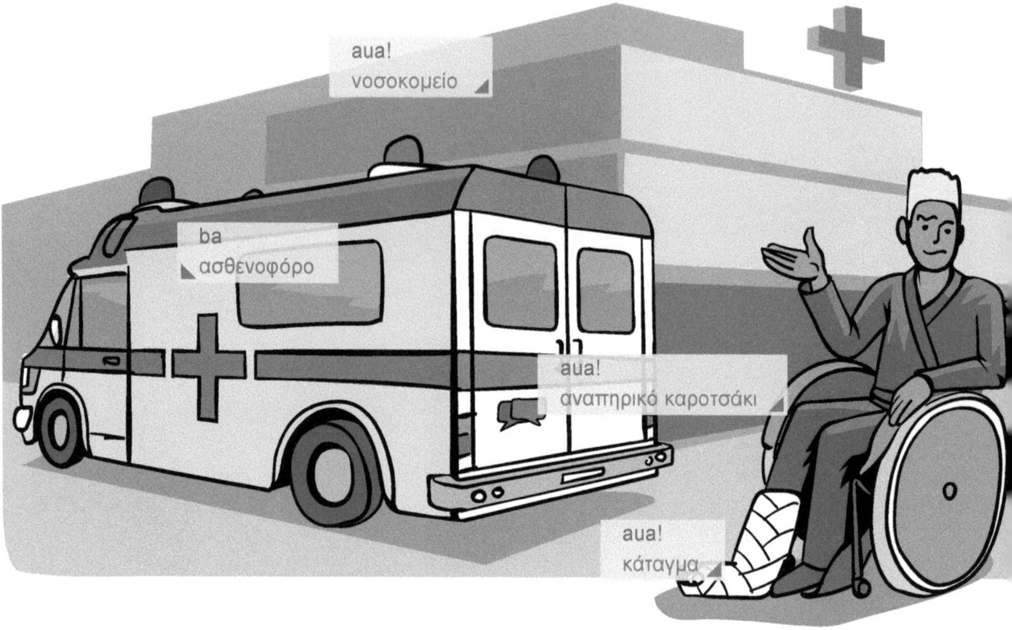

ba
ασθενοφόρο

aua!
αναπηρικό καροτσάκι

aua!
κάταγμα

aua!

γιατρός

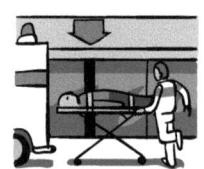

aua!

μονάδα εντατικής θεραπείας

aua!

νοσοκόμα

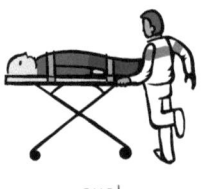

aua!

έκτακτη ανάγκη

aua!

λιπόθυμος

dadababa

πόνος

aua!

τραύμα

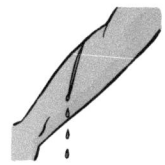

dadadada

αιμορραγία

aua!

έμφραγμα

aua!

εγκεφαλικό

dadababa

αλλεργία

aua!

βήχας

aua!

πυρετός

aua!

γρίπη

aua!

διάρροια

aua!

πονοκέφαλος

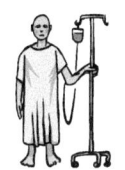

aua!

καρκίνος

aua!

διαβήτης

aua!

χειρουργός

aua!

νυστέρι

aua!

εγχείρηση

aua!

αξονική τομογραφία

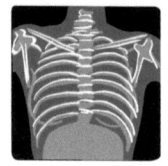

aua!

ακτινογραφία

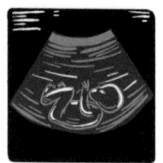

aua!

υπέρηχος

aua!

μάσκα

aua!

ασθένεια

aua!

αίθουσα αναμονής

aua!

πατερίτσα

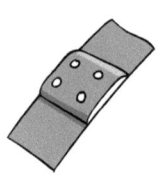

aua!

χάνσαπλαστ

dadababa

επίδεσμος

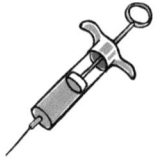

aua!

ένεση

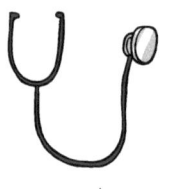

aua!

στηθοσκόπιο

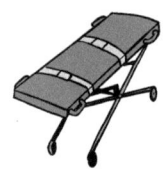

aua!

φορείο

aua!

θερμόμετρο

aua! bebi!

γέννηση

aua!

υπέρβαρο

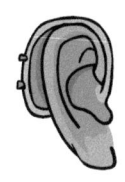

aua!
ακουστικό βαρηκοΐας

aua!
αντισηπτικό

aua!
λοίμωξη

aua!
ιός

aua!
HIV/AIDS

aua!
φάρμακο

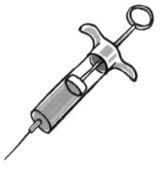

aua!
εμβολιασμός

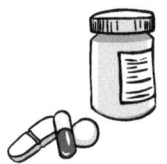

aua!
δισκία

dadaba
χάπι

aua!
λήση έκτακτης ανάγκης

aua!
πιεσόμετρο αίματος

da / ba
άρρωστος / υγιής

aua!	aua!	aua!
Βοήθεια!	συναγερμός	βιαιοπραγία

aua!	aua!	dadadada
επίθεση	κίνδυνος	έξοδος κινδύνου

dadaba	dadaba	aua! aua!
Φωτιά!	πυροσβεστήρας	ατύχημα
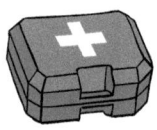		
aua!	baba	dadadada
κουτί πρώτων βοηθειών	SOS	αστυνομία

badada

Ευρώπη

dadaba

Βόρεια Αμερική

dadababa

Νότια Αμερική

dadaba

Αφρική

dadaba

Ασία

babababa

Αυστραλία

badada

Ατλαντικός Ωκεανός

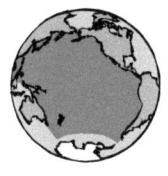

dadaba

Ειρηνικός Ωκεανός

baba

Ινδικός Ωκεανός

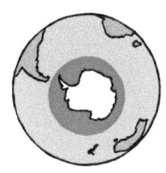

bababa

Ανταρκτικός Ωκεανός

dadababa

Αρκτικός Ωκεανός

bababa

Βόρειος Πόλος

dadababa

Νότιος Πόλος

dadaba

Ανταρκτική

dada

Γη

dadaba

γη

badada

θάλασσα

dadadada

νησί

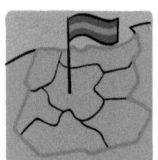

dadadada

έθνος

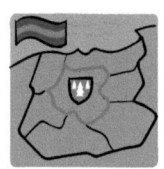

dadababa

πολιτεία

baba

καντράν ρολογιού

babadada

ωροδείκτης

baba

λεπτοδείκτης

bababa

δείκτης δευτερολέπτων

dadababa

Τι ώρα είναι;

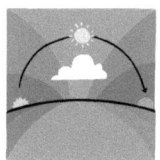

babadada

ημέρα

dada

χρόνος

baba

τώρα

dadababa

ψηφιακό ρολόι

dadababa

λεπτό

bababa

ώρα

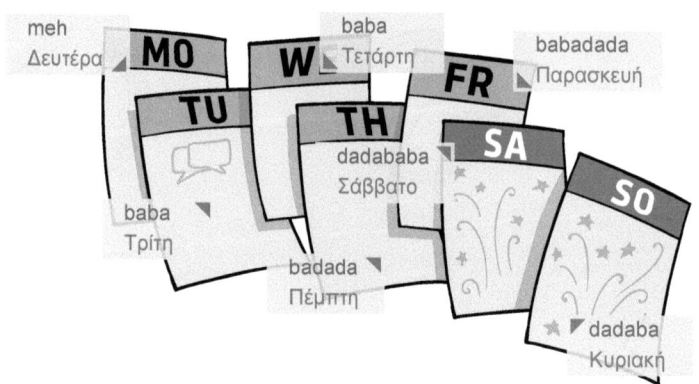

dadadada

χθες

dadababa

σήμερα

dadaba

αύριο

baba

πρωί

baba

μεσημέρι

dadadada

βράδυ

dada

εργάσιμες ημέρες

baba

Σαββατοκύριακο

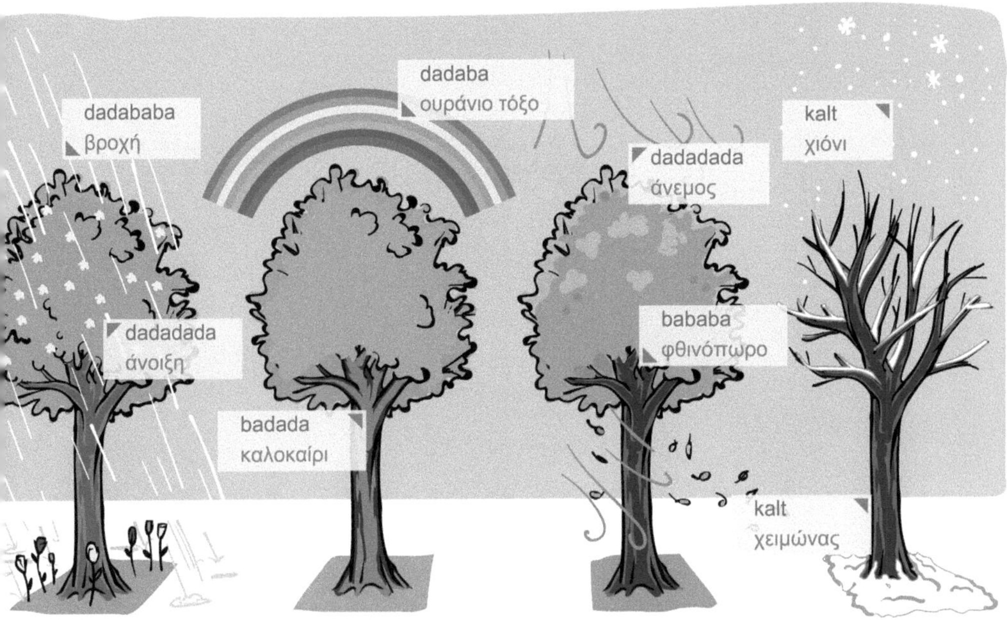

dadababa
βροχή

dadaba
ουράνιο τόξο

kalt
χιόνι

dadadada
άνεμος

dadadada
άνοιξη

badada
καλοκαίρι

bababa
φθινόπωρο

kalt
χειμώνας

4.APRIL	11°
5.APRIL	4°
6.APRIL	13°
7.APRIL	8°
8.APRIL	10°

dadababa

πρόγνωση καιρού

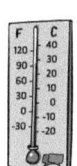

bababa

θερμόμετρο

ba

λιακάδα

baba

σύννεφο

dadadada

ομίχλη

dada

υγρασία

dadababa

αστραπή

dada

κεραυνός

badada

καταιγίδα

dadababa

χαλάζι

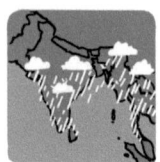

bababa

μουσώνας

dadaba

πλημμύρα

dadadada

πάγος

dadaba

Ιανουάριος

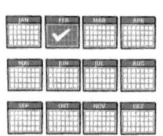

dadaba

Φεβρουάριος

bababa

Μάρτιος

dadadada

Απρίλιος

dadadada

Μάιος

babababa

Ιούνιος

baba

Ιούλιος

bababa

Αύγουστος

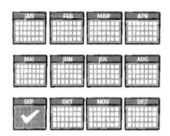

dadadada

Σεπτέμβριος

badada

Οκτώβριος

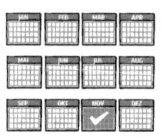

dadababa

Νοέμβριος

baba

Δεκέμβριος

dadababa
σχήματα

baba

κύκλος

badada

τετράγωνο

dadababa

ορθογώνιο
παραλληλόγραμμο

bababababa

τρίγωνο

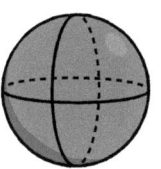

dadadada

σφαίρα

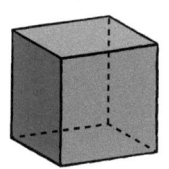

babababa

κύβος

dadababa

χρώματα

dadababa

άσπρο

bababab a

κίτρινο

baba

πορτοκαλί

dadadada

ροζ

babadada

κόκκινο

dadababa

μωβ

dadadada

μπλε

ba

πράσινο

baba

καφέ

bababa

γκρι

badada

μαύρο

da / ba

πολύ / λίγο

da / ba

θυμωμένος / ήρεμος

da / ba

όμορφος / άσχημος

da / ba

αρχή / τέλος

da / ba

μεγάλος / μικρός

da / ba

φωτεινός / σκοτεινός

da / ba

αδελφός / αδελφή

da / ba

καθαρός / λερωμένος

da / bada

πλήρης / ατελής

da / ba

ημέρα / νύχτα

da / ba

νεκρός / ζωντανός

da / ba

φαρδύς / στενός

da / ba

βρώσιμος / μη βρώσιμος

da / ba

κακός / ευγενικός

ba / ba

ενθουσιασμένος /
βαριεστημένος

da / ba

παχύς / λεπτός

ba / ba

πρώτος / τελευταίος

da / bada

φίλος / εχθρός

da / ba

γεμάτος / άδειος

da / ba

σκληρός / μαλακός

da / ba

βαρύς / ελαφρύς

da / bada

πείνα / δίψα

da / ba

άρρωστος / υγιής

da / ba

παράνομος / νόμιμος

da / ba

έξυπνος / χαζός

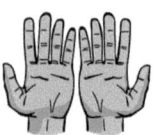

ba / ba

αριστερός / δεξιός

da / ba

κοντινός / μακρινός

da / bada

καινούριος / μεταχειρισμένος

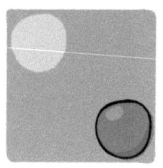

da / ba

τίποτα / κάτι

ba / ba

γέρος | νέος

da / ba

αναμμένος / σβηστός

da / ba

ανοιχτός / κλειστός

da / ba

χαμηλόφωνος / μεγαλόφωνος

ba / ba

πλούσιος / φτωχός

da / ba

σωστός / λανθασμένος

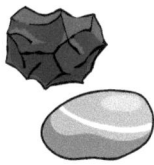

da / ba

τραχύς / λείος

ba / ba

υπημένος / χαρούμενος

da / ba

κοντός / μακρύς

da / ba

αργός / γρήγορος

da / bada

υγρός / στεγνός

da / bada

ζεστός / δροσερός

da / ba

πόλεμος / ειρήνη

0	**1**	**2**
dada	a	ba
μηδέν	ένα	δύο

3	**4**	**5**
da ba da	badabada	dadababa
τρία	τέσσερα	πέντε

6	**7**	**8**
dadaba	badada	dadababa
έξι	εφτά	οκτώ

9	**10**	**11**
dadaba	dadadada	badada
εννιά	δέκα	έντεκα

12

baba
....
δώδεκα

13

bababa
....
δεκατρία

14

baba
....
δεκατέσσερα

15

babadada
....
δεκαπέντε

16

dadababa
....
δεκαέξι

17

babababa
....
δεκαεφτά

18

dadababa
....
δεκαοκτώ

19

bababa
....
δεκαεννέα

20

dadababa
....
είκοσι

100

baba
....
εκατό

1.000

baba
....
χίλια

1.000.000

dadababa
....
εκατομμύριο

baba

Αγγλικά

babadada

Αμερικάνικα Αγγλικά

dadababa

Μανδαρίνικα Κινέζικα

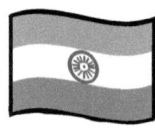

ba

Χίντι

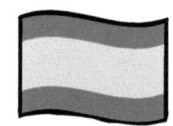

badada

Ισπανικά

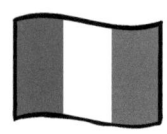

ohlala

Γαλλικά

babadada

Αραβικά

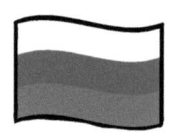

dadaba

Ρώσικα

dada

Πορτογαλικά

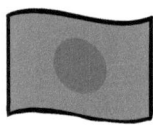

dadadada

Μπενγκάλι

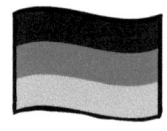

badada

Γερμανικά

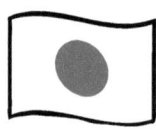

dadadada

Ιαπωνικά

a

εγώ

dadadada

εσύ

da / da / da

αυτός / αυτή / αυτό

o ba ma

εμείς

babababa

εσείς

baba

αυτοί / αυτές / αυτά

dadadada

ποιος / ποια / ποιο;

dadadada

τι;

baba

πώς;

babababa

πού;

babadada

πότε;

dadaba

όνομα

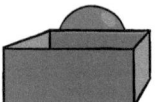

baba

πίσω

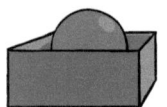

dadaba

μέσα

baba

μπροστά

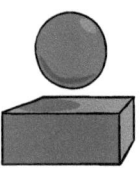

ba

πάνω από

baba

πάνω

dadababa

κάτω

babababa

δίπλα

ba

ανάμεσα

dada

μέρος